Monika Bovermann
Manuela Georgiakaki
Renate Zschärlich

Paul, Lisa & Co
Starter

Kursbuch
Deutsch für Kinder
Deutsch als Fremdsprache

Hueber Verlag

Mitarbeit:
Daniel Orozco Coronil
Aussprache:
Ursula Hirschfeld, Martin-Luther-Universität Halle-Wittenberg
Beratung:
Michael Priesteroth, Deutsche Schule Sevilla

Der Verlag weist ausdrücklich darauf hin, dass im Text
enthaltene externe Links vom Verlag nur bis zum Zeitpunkt
der Buchveröffentlichung eingesehen werden konnten.
Auf spätere Veränderungen hat der Verlag keinerlei Einfluss.
Eine Haftung des Verlags ist daher ausgeschlossen.

Das Werk und seine Teile sind urheberrechtlich geschützt.
Jede Verwertung in anderen als den gesetzlich zugelassenen Fällen
bedarf deshalb der vorherigen schriftlichen Einwilligung des Verlags.

Eingetragene Warenzeichen oder Marken sind Eigentum des
jeweiligen Zeichen- bzw. Markeninhabers, auch dann, wenn diese
nicht gekennzeichnet sind. Es ist jedoch zu beachten, dass weder
das Vorhandensein noch das Fehlen derartiger Kennzeichnungen die
Rechtslage hinsichtlich dieser gewerblichen Schutzrechte berührt.

| 8. 7. 6. | Die letzten Ziffern |
| 2026 25 24 23 22 | bezeichnen Zahl und Jahr des Druckes. |

Alle Drucke dieser Auflage können, da unverändert,
nebeneinander benutzt werden.
1. Auflage
© 2017 Lizenzausgabe Hueber Verlag GmbH & Co. KG, München, Deutschland
Originalausgabe Paul, Lisa & Co Junior, Hueber Hellas, Athen
Umschlaggestaltung: Sieveking · Agentur für Kommunikation, München
Layout und Satz: Sieveking · Agentur für Kommunikation, München
Verlagsredaktion: Iris Schultze-Naumburg, Silke Hilpert, Hueber Verlag, München
Druck und Bindung: Westermann Druck GmbH, Braunschweig
Printed in Germany
ISBN 978–3–19–001559–7

Wegweiser

1. **Gliederung in 5 Module**

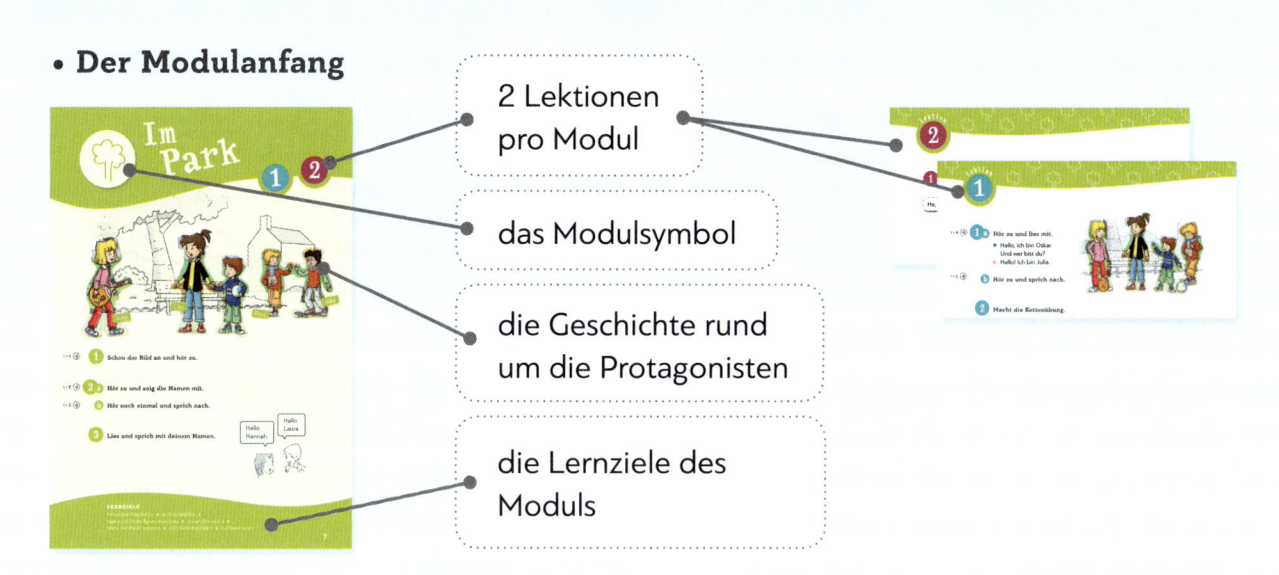

   • **Der Modulanfang**

   - 2 Lektionen pro Modul
   - das Modulsymbol
   - die Geschichte rund um die Protagonisten
   - die Lernziele des Moduls

   • **Das Modulende**

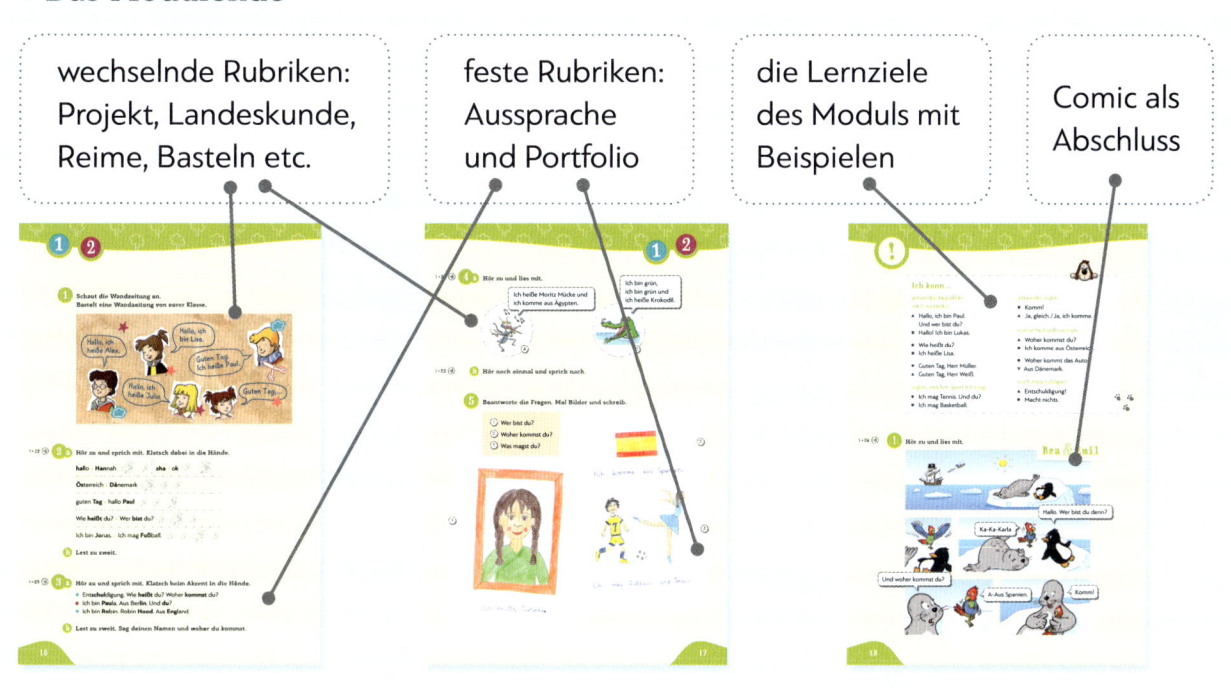

   - wechselnde Rubriken: Projekt, Landeskunde, Reime, Basteln etc.
   - feste Rubriken: Aussprache und Portfolio
   - die Lernziele des Moduls mit Beispielen
   - Comic als Abschluss

2. **Der Anhang**

   - wichtige Feste
   - das Paul, Lisa & Co-Spiel

3

Inhalt

Im Park — 1 2 — 7

Lektion 1 — 8

Wortschatz	Kommunikation	Grammatik
• Sportarten	• jemanden begrüßen • sich vorstellen • sagen, welchen Sport man mag	• Verbkonjugation *sein, heißen (ich, du)* • Personalpronomen *ich, du* • Verbkonjugation *mögen (ich)* • Fragewörter *wer, wie*

Lektion 2 — 12

Wortschatz	Kommunikation	Grammatik
• Ländernamen • Vornamen	• jemanden rufen • seine Herkunft nennen • sich entschuldigen • buchstabieren	• Verbkonjugation *kommen (ich, du, er/sie)* • Imperativ *kommen (du)* • Fragewort *woher* • Präposition *aus* + Land

Projekt Wandzeitung — 16
Aussprache Rhythmusübungen — 16
Portfolio — 17
Lernzielübersicht — 18

Zum Geburtstag — 3 4 — 19

Lektion 3 — 20

Wortschatz	Kommunikation	Grammatik

• Zahlen 1–12
• Essen
	• zum Geburtstag gratulieren
	• nach dem Alter fragen und antworten
	• bis zwölf zählen
	• sagen, wer beim Spielen an der Reihe ist
	• fragen ob jemand etwas möchte,
	  und höflich reagieren
		• Verbkonjugation *möchten (ich, du)*
		• Syntax: Aussagesätze, W-Frage
		  und Ja/Nein-Frage

Lektion 4 — 24

Wortschatz	Kommunikation	Grammatik
• Farben • Getränke	• fragen, ob jemand etwas hat • etwas bewerten	• Verbkonjugation *haben (ich, du, er/sie)*

Reim Farbengedicht — 28
Aussprache Lange und kurze Vokale — 28
Projekt Geburtstagskarte — 29
Porfolio — 29
Lernzielübersicht — 30

Auf dem Flohmarkt — 5 6 — 31

Lektion 5 — 32

Wortschatz	Kommunikation	Grammatik
• Gegenstände (1)	• nach dem Preis fragen • etwas bestimmen	• bestimmter Artikel im Nominativ • Frage mit Fragewort *was* • regelmäßige Verbkonjugation 3. Person Singular • Possessivartikel *mein* (Singular)

4

Inhalt

Lektion 6 — 36

Wortschatz	Kommunikation	Grammatik
• Freizeitaktivitäten (1) • Tiere • Kontinente	• sagen, was jemand gerade tut • über Tiere und ihre Herkunft sprechen	• Fragewort wo • regelmäßige Verbkonjugation in der 3. Person Singular • Personalpronomen er, sie • Präposition in + Kontinent

Projekt Fantasietier — 40
Aussprache Sprechmelodie — 40
Portfolio — 41
Lernzielübersicht — 42

Am Wochenende — 43

Lektion 7 — 44

Wortschatz	Kommunikation	Grammatik
• Wochentage • Freizeitaktivitäten (2) • Gegenstände (2)	• sagen, bei wem man ist • sagen, was jemand in der Freizeit macht • etwas vermuten • sagen, was man hat oder braucht	• Präposition am + Wochentag • Präposition bei + Person • Verbkonjugation 3. Person Plural • Personalpronomen sie (Plural) • bestimmter Artikel im Akkusativ

Lektion 8 — 48

Wortschatz	Kommunikation	Grammatik
• Instrumente	• sagen, welches Instrument man spielt • ausdrücken, was man liebt oder hasst	• regelmäßige Verbkonjugation im Singular und in der 3. Person Plural

Spiel Stummes Telefon — 52
Aussprache Emotionale Sprechweise — 52
Landeskunde Musik-Quiz — 53
Portfolio — 53
Lernzielübersicht — 54

Endlich Ferien — 55

Lektion 9 — 56

Wortschatz	Kommunikation	Grammatik
• Freizeitaktivitäten (3)	• über Freizeitaktivitäten sprechen • etwas erraten	• regelmäßige Verbkonjugation in der 1. und 2. Person Plural • Personalpronomen wir, ihr • unbestimmter Artikel im Nominativ

Lektion 10 — 60

Wortschatz	Kommunikation	Grammatik
• Häufigkeitsangaben • Geschenke	• sagen, was man gern/nicht gern macht • sagen, wie oft jemand etwas macht	• Negation nicht • möchten + Infinitiv • unbestimmter Artikel im Akkusativ

Landeskunde Ferienziele in Deutschland — 64
Aussprache Wortakzent — 65
Portfolio — 65
Lernzielübersicht — 66

Anhang — 67
Feste und Feiern — 68
Das Paul, Lisa & Co-Spiel — 72
Wortliste — 74

Piktogramme und Symbole

1 ▶ 8 ◉))	Aufgabe mit Hörtext

AB ▶ 1-3
AB ▶ 1-3	Verweis auf Übungen im Arbeitsbuch.

• Ich mag Tennis. Und du?
▲ Ich mag Judo.	Hier wird das Lernziel präsentiert.

Im Park

1 **2**

Julia • Lisa • Paul • Alex

1▶1 **1** Schau das Bild an und hör zu.

1▶2 **2 a** Hör zu und zeig die Namen mit.

1▶3 **b** Hör noch einmal und sprich nach.

3 Lies und sprich mit deinem Namen.

Hallo Hannah.
Hallo Laura.

LERNZIELE
jemanden begrüßen • sich vorstellen •
sagen, welchen Sport man mag • jemanden rufen •
seine Herkunft nennen • sich entschuldigen • buchstabieren

Lektion 1

1 a Hör zu und lies mit.

◆ Hallo, ich bin Oskar. Und wer bist du?
● Hallo! Ich bin Julia.

b Hör zu und sprich nach.

2 Macht die Kettenübung.

Hallo, ich bin Laura. Und wer bist du?

Ich bin Jonas.

● Hallo, ich bin Laura. Und wer bist du?
▲ Ich bin Jonas.

AB ▶ 1-3

3 a Hör zu und lies mit.

Lisa?

Ja, ich komme.

b Hör zu und sprich nach.

c Was möchte Oskar? Was glaubst du? Sprich in deiner Sprache.

AB ▶ 4

8

4 a Schau die Bilder an und hör zu.

Oh, wie süß!
Wie heißt du denn?
Wauwau
Rudi?
Rudi? Nein.
Tobi?
Ja! Tobi.

b Hör noch einmal und lies mit.

c Malt und schreibt zu zweit einen Comic mit diesen Figuren.

Ja. 🙂
Nein. ☹

- Oh, wie süß!
▲ Wie heißt...

5 Erfindet Namen. Spielt das Begrüßungsspiel.

Hallo, ich heiße Hannah Montana. Wie heißt du?

Ich heiße Robin Hood.

- Hallo, ich heiße Hannah... Wie heißt du?
▲ Ich heiße Robin...

AB ▶ 5-10

6 Was sagen die Tiere? Schreibt Dialoge.

7 a Ordne die Bilder. Notiere die Buchstaben.

C, ...

Ja, Papa! Ich komme.

Hallo Paul.

Guten Tag, Herr Weiß.

Julia! Tennis!

1▸9 **b** Hör zu und kontrolliere.

1▸10 **8 a** Hör zu und mach mit.

Guten Tag.		Guten Tag.
Hallo.		Hallo.
Ich bin Paul.		Ich heiße Lu.
Wer bist du?		Wie heißt du?

b Überlegt euch noch andere Geräusche, z. B. schnipsen und spielt das Spiel. Macht es immer schneller.

Guten Tag.

AB ▸ 11–12

9 a Hör zu und zeig das richtige Bild.

Basketball
Fußball
Judo
Schwimmen
Tennis
Tanzen

b Hör zu. Was ist das?

10 a Hör zu und lies mit.

◆ Ich mag Fußball. Und du?
● Ich mag Tennis.

b Hör noch einmal und sprich nach.

11 a Welchen Sport magst du? Schreib drei Sportarten auf.

ich: Tennis und Basketball

● Ich mag Tennis. Und du?
▲ Ich mag Judo.

b Frag drei Kinder und notiere.

Ich mag Tennis und Basketball. Und du?

Ich mag Judo und Tanzen.

ich:
Tennis und Basketball
Lea:
Judo und Tanzen

AB ▶ 16

Lektion 2

1 a Schau die Bilder an. Was ist hier los?
Sprich in deiner Sprache.

He, Paul. Komm!

Ja, gleich.

A

Ja, ich komme.

Paul!

B

Entschuldigung!

Halb so wuid...

Woher kommst du denn?

C

Was?

Ah. Und wie heißt du?

Aus Österreich.

Lukas.

O.k. Macht nichts.

D

E

1▶15　**b** Schau die Bilder an und hör zu.

12

1▶16

c Hör zu und sprich nach.

d Was sagen Lisa, Paul und Lukas?

- Komm!
- ▲ Ja, gleich. / Ja, ich komme.

- Entschuldigung!
- ▲ Macht nichts.

- Woher kommst du?
- ▲ Aus Österreich.

1. He, Paul. ... ! — Ja, ...

2. Entschuldigung! — ...

3. ... — Aus Österreich.

1▶17

e Hör zu und kontrolliere.

AB ▶ 1-4

2 Spielt die Geschichte in der Klasse.

He, Jonas, komm!
Komm!
Ja, gleich.
Ja, ich komme!

Entschuldigung!
Macht nichts.
Woher kommst du?
Ich komme aus Österreich.
Wie heißt du?
Moritz.

13

2

3 a Was machen die Kinder?
Was glaubst du? Sprich in deiner Sprache.

Schaut mal, das Auto kommt aus Italien.

1▶18 **b** Hör zu.

1▶18 **c** Hör noch einmal und notiere das richtige Land.

| I BX 997QR | PL HPP 587L | DK AW 376 12 |
| E 5309 KNL | CZ 5AJ 6758 | D KI AT 0508 |

Dänemark • Deutschland • Italien •
Polen • Spanien • Tschechien

I - Italien
PL - ...

1▶19 **d** Hör zu und kontrolliere.

1▶20 **e** Hör zu und sprich nach.

4 Woher kommt das Auto? Fragt und antwortet.

PL HPP 711FG   CZ 5AJ 9051
E 6478 BAC   I BL 356OP

• PL? Woher kommt das Auto?
▲ Aus Polen.

AB ▶ 5-7

14

5 a Hör zu und lies mit.

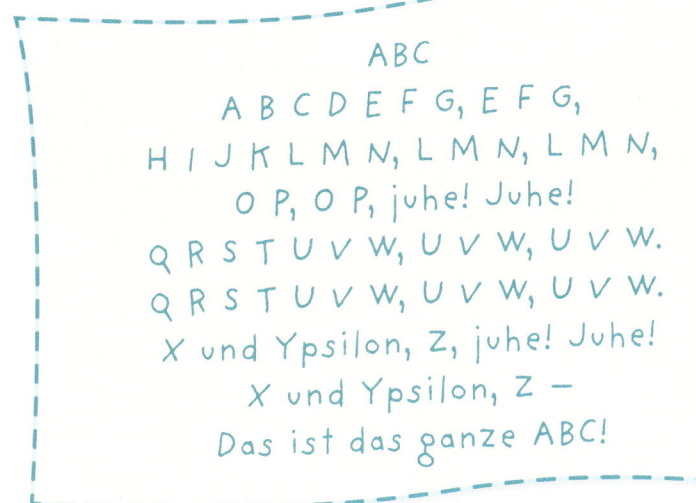

ABC
A B C D E F G, E F G,
H I J K L M N, L M N, L M N,
O P, O P, juhe! Juhe!
Q R S T U V W, U V W, U V W.
Q R S T U V W, U V W, U V W.
X und Ypsilon, Z, juhe! Juhe!
X und Ypsilon, Z –
Das ist das ganze ABC!

b Hör noch einmal und sing mit.

6 a Schreib deinen Namen auf und buchstabiere ihn.

Es - o - ef - i - a
Sofia

b Hör das Lied noch einmal. Steh auf, wenn der Anfangsbuchstabe deines Namens kommt.

AB ▶ 8–9

7 Such Namen aus und buchstabiere sie. Dein Partner schreibt.

BELIEBTE VORNAMEN IN DEUTSCHLAND

Mia	Emilia	Ben	Noah
Emma	Lina	Jonas	Paul
Hanna/Hannah	Marie	Leon	Luis
Sofia/Sophia	Lena	Elias	Lukas
Anna	Mila	Finn/Fynn	Felix

8 Erfinde Namen und Land. Fragt und antwortet.

Wie heißt du?
Wer bist du?
Woher kommst du?

Lälü Bätünü
Ünäland

1 Schaut die Wandzeitung an.
Bastelt eine Wandzeitung von eurer Klasse.

(Hallo, ich heiße Alex. — Hallo, ich bin Lisa. — Guten Tag. Ich heiße Paul. — Hallo, ich heiße Julia. — Guten Tag, …)

1▶22 **2 a** Hör zu und sprich mit. Klatsch dabei in die Hände.

hallo • **Han**nah   a**ha** • **ok**

Österreich • **Dä**nemark

guten **Tag** • hallo **Paul**

Wie **heißt** du? • Wer **bist** du?

Ich bin **Jo**nas. • Ich mag **Fuß**ball.

b Lest zu zweit.

1▶23 **3 a** Hör zu und sprich mit. Klatsch beim Akzent in die Hände.

◆ Ent**schul**digung. Wie **heißt** du? Woher **kommst** du?
● Ich bin **Pau**la. Aus Ber**lin**. Und **du**?
◆ Ich bin **Ro**bin. Robin **Hood**. Aus **Eng**land.

b Lest zu zweit. Sag deinen Namen und woher du kommst.

4 a Hör zu und lies mit.

> Ich heiße Moritz Mücke und ich komme aus Ägypten.

A

> Ich bin grün, ich bin grün und ich heiße Krokodil.

B

b Hör noch einmal und sprich nach.

5 Beantworte die Fragen. Mal Bilder und schreib.

1. Wer bist du?
2. Woher kommst du?
3. Was magst du?

① Ich heiße Carlota.

② Ich komme aus Spanien.

③ Ich mag Fußball und Tanzen.

17

Ich kann ...

jemanden begrüßen / mich vorstellen:
- ▲ Hallo, ich bin Paul. Und wer bist du?
- ■ Hallo! Ich bin Lukas.

- ● Wie heißt du?
- ■ Ich heiße Lisa.

- ◆ Guten Tag, Herr Müller.
- ▲ Guten Tag, Herr Weiß.

sagen, welchen Sport ich mag:
- ● Ich mag Tennis. Und du?
- ■ Ich mag Basketball.

jemanden rufen:
- ■ Komm!
- ▲ Ja, gleich. / Ja, ich komme.

meine Herkunft nennen:
- ▲ Woher kommst du?
- ■ Ich komme aus Österreich.

- ● Woher kommt das Auto?
- ▼ Aus Dänemark.

mich entschuldigen:
- ▲ Entschuldigung!
- ● Macht nichts.

1▶26 **Hör zu und lies mit.**

Bea & Emil

- Hallo. Wer bist du denn?
- Ka-Ka-Karla
- Und woher kommst du?
- A-Aus Spanien.
- Komm!

Zum Geburtstag

3 4

Eins, zwei, drei, vier, fünf, sechs, sieben, acht, neun!

1 a Schau das Bild an. Was ist hier los?
Sprich in deiner Sprache.

1▸27 **b** Schau das Bild an und hör zu.

1▸28 **2** Hör zu und sprich nach. Zeig dabei die Zahlen.

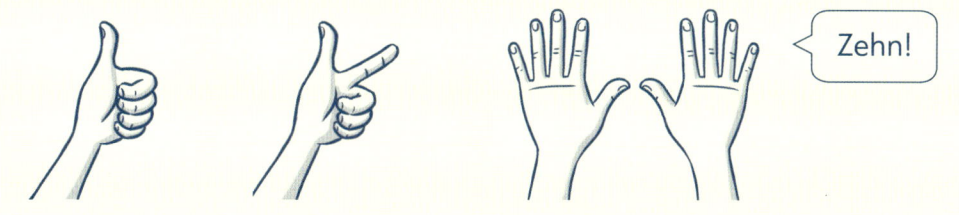

Zehn!

AB▸1-2

LERNZIELE
zum Geburtstag gratulieren • nach dem Alter fragen und
antworten • bis zwölf zählen • sagen, wer beim Spielen an der Reihe ist • fragen, ob jemand
etwas möchte und höflich reagieren • fragen, ob jemand etwas hat • etwas bewerten

19

Lektion 3

1 a Schau die Bilder an und hör zu.

> Hallo Julia!
> Hallo!
> Hi, Julia!
> Tag, Julia!
> Hallo!
> Alles Gute zum Geburtstag, Julia!
> Danke!

b Wie sagst du „Alles Gute zum Geburtstag!" in deiner Sprache?

2 Spielt wie im Beispiel.

> Alles Gute zum Geburtstag, Lena!
> Danke!

- Alles Gute zum Geburtstag!
- ▲ Danke!

AB ▶ 3

20

3 a Schau die Bilder an.

> Eins, zwei, drei, vier, fünf, sechs, sieben, acht, neun. Wow! Du bist schon neun?

> Ja, ich bin neun. Und wie alt bist du?

> Ich bin sechs.

1▶30

b Hör zu und lies mit.

AB▶4

c Wie alt ist Julia? Wie alt ist Oskar?

4 Fragt in der Klasse.

> Wie alt bist du?
> Ich bin acht.
> Wie alt bist du?
> Ich bin …

- Wie alt bist du?
- ▲ Ich bin …

AB▶5

21

3

1▶31　**5**　**Hört zu. Macht dann eine Rakete nach.**

10, 9, 8, 7, …

1▶32　**6 a**　**Schau das Bild an und hör zu.**

Elf!

Zwölf!

1▶32　**b**　**Hör noch einmal. Was würfeln die Kinder? Notiere die Zahlen.**

AB▶6

Julia: ?　　Paul: ?　　Lisa: ?　　Alex: ?　　Oskar: ?

Julia: 8
Paul: …

7　**Würfelt in der Gruppe.**

Du bist dran.

Ja, ich bin dran.

Ich bin dran.
Du bist dran.

22

8 a Schau die Bilder an. Wer sagt was? Notiere die Zahl und den Buchstaben.

1D, ...

A Ich möchte auch Schokoladentorte.
B Danke.
C Na klar, Paul.
D Möchtest du Schokoladentorte?
E Ja, bitte.

b Hör zu und kontrolliere.

c Hör noch einmal und sprich nach.

9 Spielt andere Dialoge.

Möchtest du ...?
Ja, bitte.
Nein, danke. Aber ich möchte ...

- Möchtest du Schokoladentorte?
▲ Ja, bitte. 🙂
♦ Nein, danke. 🙁

Chips • Popcorn • Kekse • Bonbons • Schokolade

AB ▶ 7-12

Lektion 4

1▸35　**1　a**　**Hör zu, lies mit und zeig mit.**

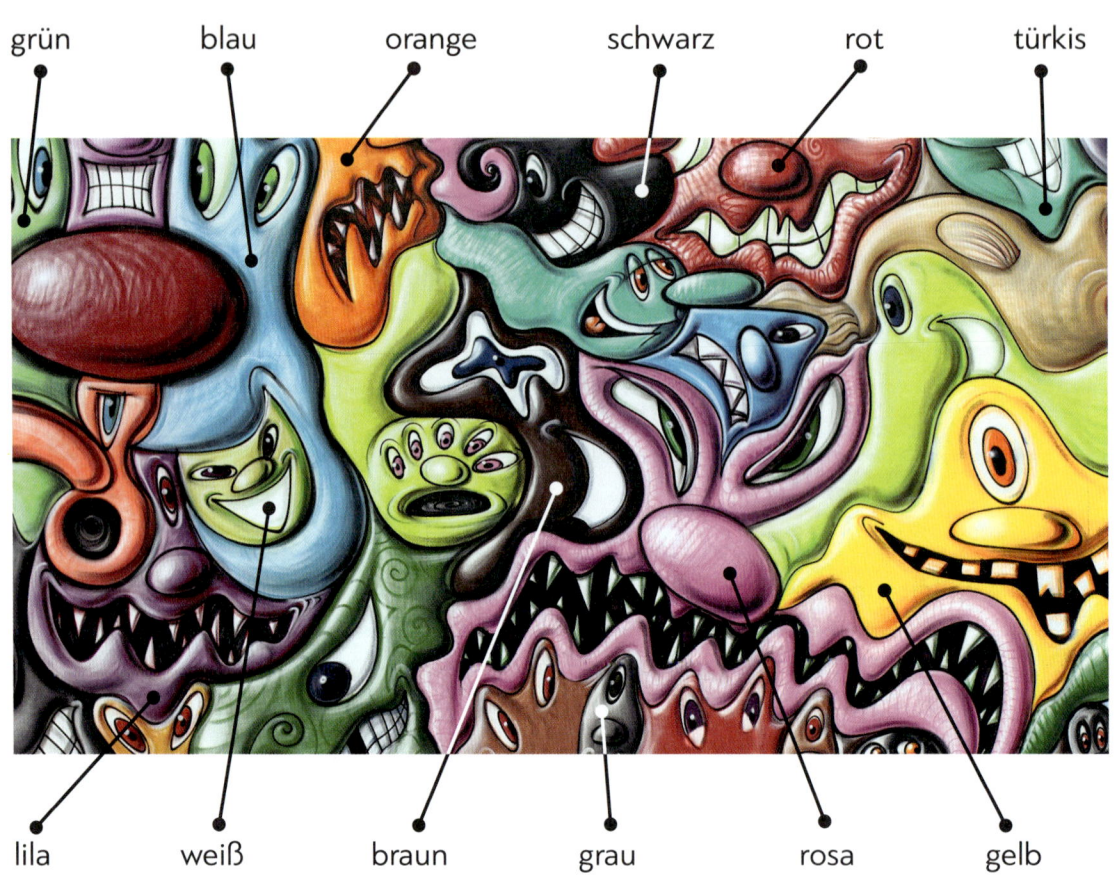

grün　blau　orange　schwarz　rot　türkis

lila　weiß　braun　grau　rosa　gelb

1▸36　**b**　**Hör noch einmal und sprich nach.**

1▸37　**2**　**Hört zu und spielt das Farbenspiel.**

Grün!

3　**Mal ein Graffiti. Macht dann in der Klasse eine Collage mit euren Graffitis. Schreibt die Farben dazu.**

AB▸1-2

24

4 a Schau das Bild an. Welche Farben siehst du?

Lisa, hast du 🟥? — Nein. — Wer hat 🟥? — Ich habe 🟥.

1▶38

b Lies die Fragen und hör zu. Antworte.

1. Wer hat 🟦?   2. Wer hat 🟨?

5 Spielt den Dialog von **4a** mit anderen Farben.

Hast du 🟩? — Nein. — Wer hat 🟩? — Ich habe 🟩.

Ich habe 🟨.
Hast du 🟦?
Wer hat 🟩?

AB ▶ 3-6

1▶39

6 a Hör zu und lies mit.

▲ Julia, möchtest du Schokolade?
● Hast du auch Bonbons?
▲ Ja.

1▶40

b Hör noch einmal und sprich nach.

c Spielt andere Dialoge.

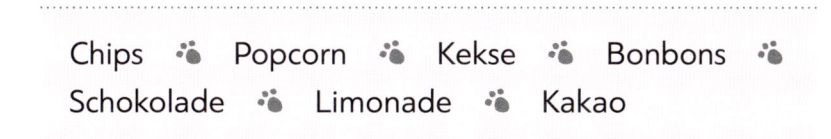

Chips • Popcorn • Kekse • Bonbons • Schokolade • Limonade • Kakao

AB ▶ 7-9

25

1▸41

7 **Spielt das Echospiel. Hört zu und sprecht nach.**

rot • schwarz • blau • grün • weiß • lila • rosa • grau • braun

rot-ot-ot-ot-ot

1▸42

8 **Wähl zwei Farben und schreib sie auf eine Karte. Hör das Lied. Steh auf, wenn du deine Farben hörst.**

rot, schwarz…

1▸42

9 a **Hör das Lied noch einmal und lies mit.**

Bonbonbaum, Bonbonbaum,
wünsch dir einen Bonbonbaum.
Bonbonbaum, Bonbonbaum,
kugelrund und kunterbunt.
Rot und blau, gelb und grau,
grün und schwarz, weiß und braun,
orange, rosa, lila.
Farben mag ich immer.

Rot und blau, gelb und grau,
grün und schwarz, weiß und braun,
orange, rosa, lila.
Farben mag ich immer.

Bonbonbaum, Bonbonbaum,
wünsch dir einen Bonbonbaum.
Bonbonbaum, Bonbonbaum,
kugelrund und kunterbunt.

1▸42

b **Hör das Lied und sing mit.**

26

10

a Schau die Bilder an. Was ist hier los?
Sprich in deiner Sprache.

b Lies die Texte. Wer sagt was? Notiere die Zahlen und Buchstaben.

A: Oh, Paul! Cool!

B: Hi, toll. 🌸 ist super.

C: Möchtest du auch 💧?

D: Uuh! Nein! Das ist ja doof.

E: Blau ist langweilig. Hast du auch 💚?

F: Rosa, blau, grün. Lustig, kunterbunt.

G: Hallo Anna.

1G, ...

c Hör zu und kontrolliere.

d Spielt die Geschichte.

Das ist ... / Rot ist ...
☺ lustig • toll • super • cool
☹ doof • langweilig

1 a Ein Farbengedicht: Hör zu und lies mit.

> Oh! Türkis!
> Rot und rosa,
> gelb und grün,
> blau und lila,
> grau und braun.

b Mal und schreib dein eigenes Farbengedicht.

2 a Hör zu und zeig: lang oder kurz.

lang	kurz
L**e**na • L**i**sa • J**o**nas • R**u**di	Ha̧nnah • Ęmma • Fi̧nn • O̧skar
v**ie**r • s**ie**ben • z**eh**n	a̧cht • ęlf • fųnf
J**u**do • F**u**ßball	Ta̧nzen • Tęnnis • Schwi̧mmen

b Hör noch einmal und sprich nach.

3 a Hör die Wörter und sprich nach. Zeig lang oder kurz.

li̧la • r**o**sa • grün • schwa̧rz • gęlb • ora̧nge • d**oo**f • s**u**per • c**oo**l • tǫll • lu̧stig • la̧ngweilig

b Sprecht zu zweit. Benutzt die Wörter aus a.

▲ Ich habe bl**au**. Und du?
▼ Ich habe r**o**sa.
▲ Rosa ist d**oo**f.
▼ Nein. Rosa ist s**u**per.

4 Bastle eine Geburtstagskarte für deine Freundin/deinen Freund. Schreib den Text mit Namen.

Liebe… / Lieber…,
alles Gute zum Geburtstag!
Deine… / Dein…

5 Beantworte die Fragen. Mal Bilder und schreib.

① Wie alt bist du?
② Was möchtest du?
③ Was ist deine Lieblingsfarbe?

① Ich bin acht.

② Ich möchte Bonbons.

③ Meine Lieblingsfarbe ist grün.

29

Ich kann ...

jemandem zum Geburtstag gratulieren:

▼ Alles Gute zum Geburtstag!
▲ Danke.

nach dem Alter fragen und sagen, wie alt ich bin:

▼ Wie alt bist du?
▲ Ich bin neun.

sagen, wer beim Spielen an der Reihe ist:

▼ Ich bin dran.
● Du bist dran.

fragen, ob jemand etwas möchte, und höflich reagieren:

▲ Möchtest du Schokoladentorte?
● Ja, bitte.
▼ Nein, danke.

sagen, welche Farbe ich habe:

▼ Hast du Rot?
● Ja.
▼ Hast du auch Grün?
● Nein, ich habe Blau. Julia hat Grün.

etwas bewerten:

Das ist ...
☺ toll, super, cool, lustig.
☹ doof, langweilig.

---

1 ▶ 48 ! **Hör zu und lies mit.**

Bea & Emil

- Rot? Nein ...
- Blau? Langweilig!
- Oder grün? Nein! Doof!
- Schwarz? Ja! Cool!

Auf dem Flohmarkt

5 6

1 a Schau das Bild an. Was ist hier los? Sprich in deiner Sprache.

▶49 **b** Schau das Bild an und hör zu.

▶49 **c** Hör noch einmal und zeig die Gegenstände mit.

▶50 **2** Hör zu und sprich nach.

AB▶1

Comic-Heft   Ball   CD   Roller

LERNZIELE
nach dem Preis fragen • etwas bestimmen •
sagen, was jemand gerade tut • über Tiere und ihre Herkunft sprechen

31

Lektion 5

1 a Hör zu. Finde den Gegenstand. Notiere die Buchstaben.

C, ...

die Gitarre · das Poster · das Fahrrad

das Comic-Heft · der Roller · der Rucksack · der Laptop

der Ball · die Uhr · die CD · die DVD

das Spiel · der Kalender · das Buch

b Hör zu und kontrolliere.

AB ▸ 2

2 Mal Bilder mit Wörtern. Benutze die passende Farbe für jedes Wort.

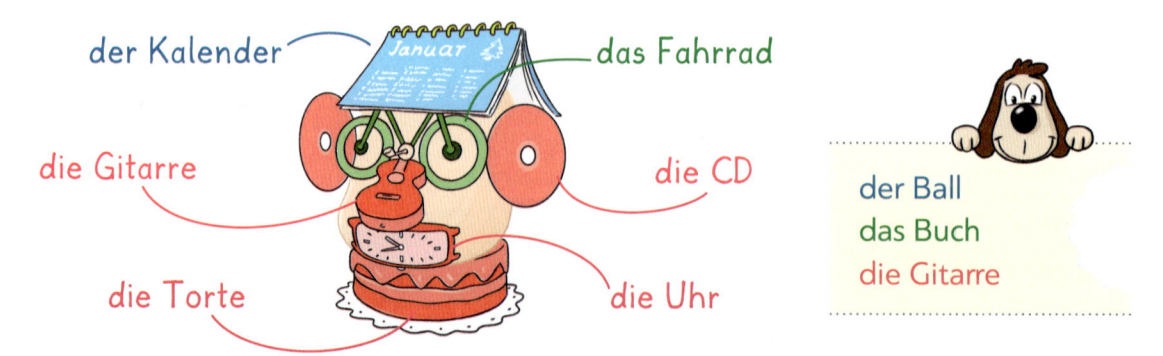

das Fahrrad · die Gitarre · die CD · die Uhr · das Poster
der Kalender · der Rucksack · der Ball · die Schokolade
der Roller · das Buch · das Auto · das Spiel · die Torte

der Kalender — das Fahrrad
die Gitarre — die CD
die Torte — die Uhr

der Ball
das Buch
die Gitarre

AB ▸ 3-4

32

3 a Schau das Bild an, hör zu und lies mit.

▲ Was kostet das Comic-Heft?
● 3 Euro.
▲ Was kostet der Kalender?
● 2 Euro.

b Spielt andere Dialoge.

● Was kostet
der Roller / das Buch /
die CD ...?
▲ 2 Euro. / 6 Euro ...

AB ▶ 5

4 a Hör zu. Welche Gegenstände hörst du?
Notiere die Wörter mit Artikel.

das Comic-Heft, ...

b Hör noch einmal zu. Was kosten die Gegenstände?

Das Comic-Heft kostet ... Euro.

AB ▶ 6

33

5 Was ist in Pauls Zimmer? Und wo?

Das Comic-Heft ist in A2.

Der Kalender ist …

6 a Vergleiche mit 5. Was fehlt in Pauls Zimmer?

Die … und das …

1▸55 **b** Hör zu und kontrolliere.

34

7 a Schau die Bilder an. Was ist hier los? Sprich in deiner Sprache.

> Anne! Du hast mein Poster und meine CD!

> Das ist mein Poster! Und das ist meine CD!

> Nein, das ist meine CD! Und das ist auch mein Poster!

> Nein! Raus!

b Hör zu und lies mit.

c Spielt andere Dialoge.

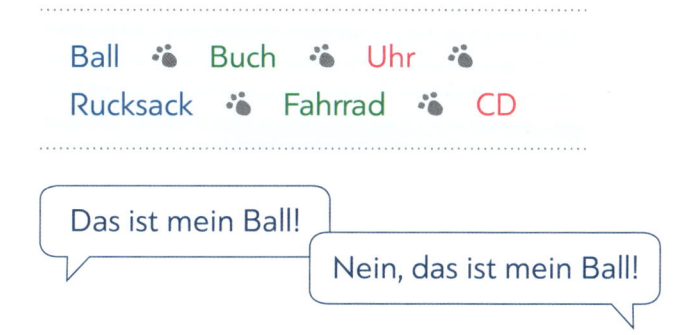

Ball • Buch • Uhr •
Rucksack • Fahrrad • CD

> Das ist mein Ball!

> Nein, das ist mein Ball!

Das ist …
mein Ball.
mein Spiel.
meine Gitarre.

AB ▶ 7-9

8 Spielt das Kettenspiel.

> Das ist mein Ball.

> Nein, das ist mein Ball und meine CD.

> Nein, das ist mein Ball, meine CD und mein …

AB ▶ 10

35

Lektion 6

1 Schau das Plakat an. Was kann man in der Hunde-Show sehen? Sprich in deiner Sprache.

Hunde-Show

13 und 16 Uhr

1▶57 **2 a** Hör zu. Wie viele Hunde machen bei der Hunde-Show mit?

1▶57 **b** Lies die Fragen. Hör noch einmal und notiere die Antworten.

Hasso: 5, …
Bella: …
Niko: …

1. Wie alt ist der Hund?
2. Woher kommt der Hund?

1▶58 **3** Schau die Bilder an. Hör zu und lies mit.

A — Toll! Bella! Sie springt.

B — Super! Niko spielt Ball!

C — Oh, toll! Das ist Hasso. Er tanzt.

AB ▶ 1-2

36

4 a Tobi macht auch eine Hunde-Show. Malt zu zweit ein Bild zu Tobi. Schreibt auch einen Satz dazu.

b Bastelt dann ein Poster für Tobis Hunde-Show.

5 a Schau das Bild an. Hör zu.

- Wo ist denn Alex?
- Er fotografiert. ①
- Und wo ist Julia? Wo ist Oskar?
- Julia hat Hunger. Sie kauft Chips. ②
- Da ist Oskar. Er spielt Ball. ③
- Und Tobi? Wo ist er?
- Er schwimmt. ④

b Hör noch einmal. Notiere die Zahl aus **a** und den Buchstaben.

1B, …

c Lest den Dialog in **a** zu zweit.

37

6 Spielt Dialoge.

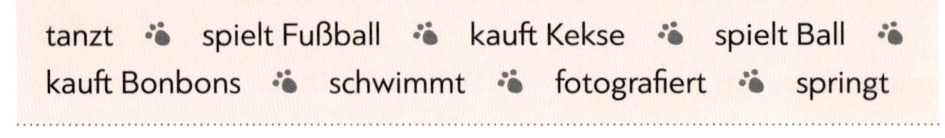

tanzt • spielt Fußball • kauft Kekse • spielt Ball • kauft Bonbons • schwimmt • fotografiert • springt

Wo ist denn …?
Da. Sie/Er …

Wo ist Oskar?
Da. Er spielt Ball.

Wo ist Julia?
Da. Sie kauft Chips.

AB ▶ 3-5

7 Was meinst du: Wer ist das? Was macht sie/er?

Da ist Julia. Sie kauft Chips.

A B C D

8 Spielt Pantomime.

Er tanzt.

tanzt schwimmt spielt Ball fotografiert kauft Popcorn springt hat Hunger

Nein. Er schwimmt!

AB ▶ 6-7

38

6

9 a Wie heißen die Tiere? Notiere den Buchstaben und das Tier.

der Tiger
die Schildkröte
das Reh
die Schlange
das Lama
der Wolf
die Eule
der Leopard
das Krokodil
der Elefant

1▶60 **b** Hör zu und kontrolliere.

1▶61 **c** Hör zu und zeig auf der Karte mit.

Europa
Asien
Amerika
Afrika
Australien

d Wo leben die Tiere? Was meinst du? Fragt und antwortet zu zweit.

Wo lebt der Elefant?

In Afrika und in …

● Wo lebt der Elefant/ das Krokodil/die Eule?
▲ In Afrika/Europa/ Asien/…

AB ▶ 8-13

39

1 a Bastle oder mal dein Fantasietier. Gib ihm einen Namen.

Eukrotifant

Elefant · Krokodil · Tiger · Eule

Eule + Krokodil + Tiger + Elefant = Eukrotifant

b Schreib lustige Sätze zu deinem Fantasietier.

Das ist der Eukrotifant. Er heißt Otto.
Otto lebt in Asien. Er kauft Kekse.

c Hängt die Tiere in der Klasse auf. Präsentiert eure Tiere.

1▶62

2 a Hör zu und lies mit.

▲ Das ist **mein** Kalender. ↘
▼ Nein! ↗ Das ist **mein** Kalender. ↘

▲ Was **kostet** das Buch? ↘
▼ **10** Euro. ↘

▲ Hast du **Hunger**? ↗
▼ Ja. ↘ Hast du **Kekse**? ↗

b Lest zu zweit.

40

1▸63

3 a Hör zu und lies mit.

der Elef**a**nt • der H**u**nd • der T**i**ger • das R**eh** • der Leop**ar**d • die **Eu**le • die Schl**a**nge • Eur**o**pa • **A**sien • **A**frika • Am**e**rika • Austr**a**lien

b Lest den Dialog und sprecht in der Gruppe.

▲ Wo lebt der Elefant? ↘
▼ In Afrika. ↘ Wo lebt die Eule? ↘
● In Europa. ↘ Wo lebt …? ↘

4 Beantworte die Frage. Mal Bilder und schreib.

Was kostet der Ball, die DVD, das Spiel …?

Der Ball kostet zwei Euro.
Die DVD kostet fünf Euro.

Das Fahrrad kostet zehn Euro.

Das Buch kostet drei Euro.

Das Spiel kostet sieben Euro.

41

Ich kann ...

nach dem Preis fragen:
- ▲ Was kostet das Buch?
- ▼ Das Buch kostet 4 Euro.

etwas bestimmen:
- ▲ Das ist meine Gitarre, mein Buch und das ist mein Rucksack.
- ▼ Nein, das ist mein Rucksack!

sagen, was jemand gerade tut:
- ▲ Wo ist Oskar?
- ▼ Da ist Oskar. Er spielt Fußball.
- ▲ Und wo ist Lisa?
- ▼ Da ist Lisa. Sie fotografiert.

über Tiere und ihre Herkunft sprechen:
- ▲ Wo lebt das Lama?
- ▼ In Amerika.

1▶64 **Hör zu und lies mit.**

Bea & Emil

- Oh, das Comic-Heft.
- Ah, da ist ja das Comic-Heft!
- He, Bea! Was machst du? Das ist mein Comic-Heft!
- Nein! Das ist mein Comic-Heft.
- Nein, das ist mein Comic-Heft!
- He!! Karla!

Am Wochenende

7 8

2▶1 **1** Hör zu und zeig die Wochentage mit.

2▶2 **2** Hör zu und sprich nach.

3 Spielt das Wochentag-Spiel.

AB ▶ 1-2

LERNZIELE

sagen, bei wem man ist • sagen, was jemand in der Freizeit macht • etwas vermuten • sagen, was man hat oder braucht • sagen, welches Instrument man spielt • ausdrücken, was man liebt oder hasst

Lektion 7

1 Hör zu und lies mit. Welche Kinder verbringen zusammen das Wochenende?

▼ Wo bist du am Wochenende?
● Ich bin am Samstag und am Sonntag bei Lisa. Und du?
▼ Ich bin bei Paul.

2 a Wo bist du? Mach Notizen.

Montag – Timo
Dienstag – …

b Frag deine Partnerin/deinen Partner.

Wo bist du am Montag?

Ich bin bei Timo.

● Wo bist du am Montag/Dienstag/…/Wochenende?
▲ Ich bin bei …

AB ▶ 3

44

3 a Was machen die Freunde am Wochenende zusammen? Was glaubst du? Schau die Bilder Ⓐ bis Ⓘ an.

1. Alex und Paul 2. Julia und Lisa

> Was machen Alex und Paul?

> Ich glaube, sie sehen Filme.

Was machen ...
Paul und Alex? Julia und Lisa?
Ich glaube, sie lesen.

Ⓐ Sie spielen Fußball.
Ⓑ Sie spielen Monopoly®. 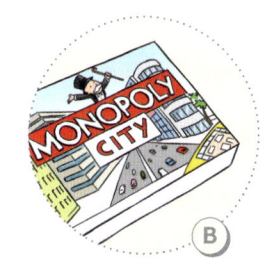
Ⓒ Sie hören Musik. 
Ⓓ Sie tanzen. 
Ⓔ Sie machen Computerspiele. 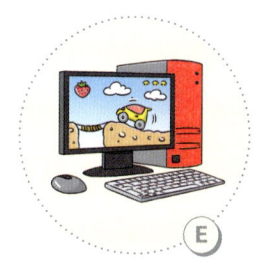
Ⓕ Sie lesen. 
Ⓖ Sie sehen Filme. 
Ⓗ Sie machen Hausaufgaben. 
Ⓘ Sie spielen Basketball. 

b Hör zu. Was machen sie wirklich? Notiere die Zahlen und Buchstaben.

1. Alex und Paul   1. A, ...   2. Julia und Lisa   2. C, ...

45

4 Spielt Pantomime.

Was machen sie?

Ich glaube, sie tanzen.

AB ▶ 4-7

5 a Welcher Rucksack gehört Alex und welcher Rucksack gehört Julia?

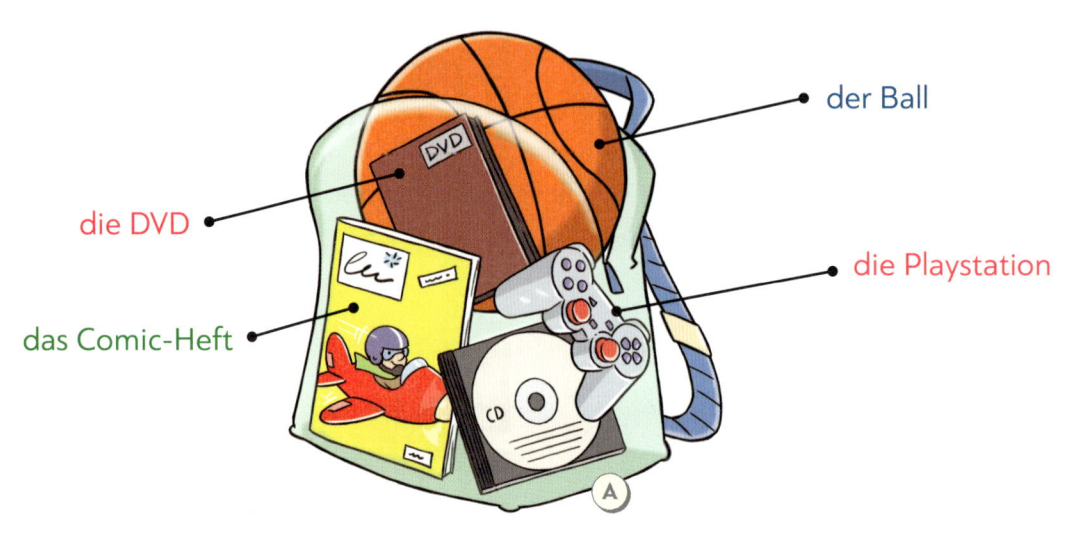

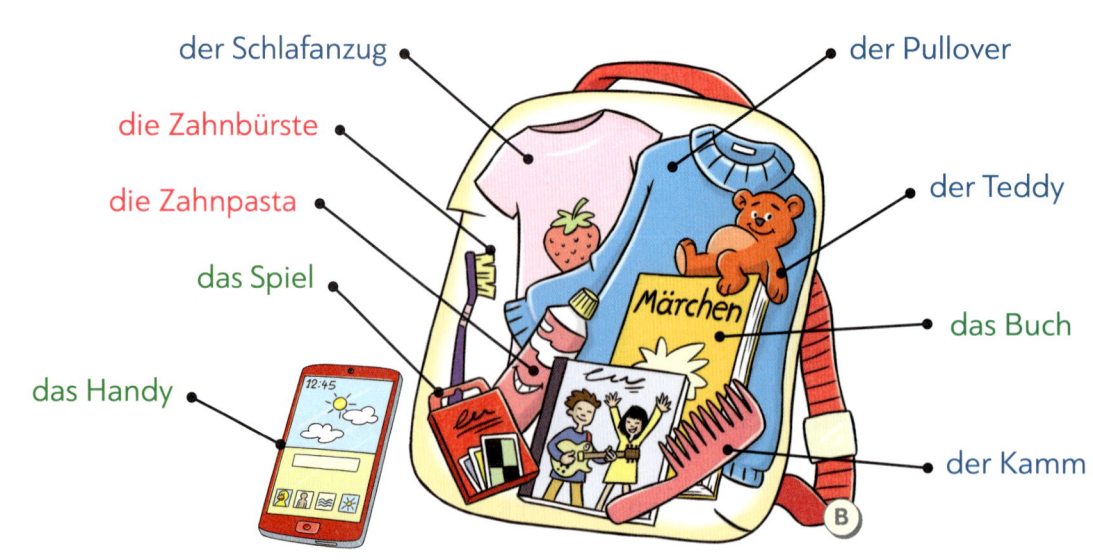

der Ball
die DVD
die Playstation
das Comic-Heft

der Schlafanzug
der Pullover
die Zahnbürste
die Zahnpasta
der Teddy
das Spiel
das Buch
das Handy
der Kamm

2 ▶ 6 **b** Hör zu und zeig mit.

46

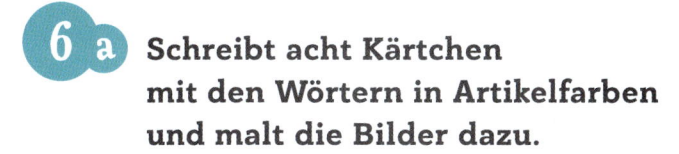

6 a Schreibt acht Kärtchen mit den Wörtern in Artikelfarben und malt die Bilder dazu.

b Findet die Paare.

Das Buch!

das Comic-Heft

die Uhr

AB ▶ 8-10

7 a Hör zu und lies mit.

- Alex, hast du die Zahnbürste und die Zahnpasta?
- Ääh … nein.
- Hast du den Schlafanzug?
- Oje …
- Alex! Was hast du denn im Rucksack?
- Na ja … Ich habe das Comic-Heft, die DVD, die Playstation, das Spiel und den Ball …
- Brauchst du wirklich den Ball?

b Lest den Dialog zu zweit.

8 a Packe deinen Rucksack. Was brauchst du? Schreib den Satz.

Ich brauche die Zahnbürste, den Schlafanzug und das Handy.

b Frag deine Partnerin/deinen Partner.

Was hast du im Rucksack?

Ich habe die Zahnbürste, den Schlafanzug und das Handy.

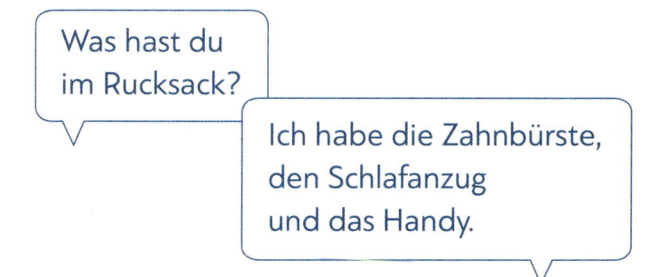

Ich habe/brauche …
den Ball.
das Spiel.
die DVD.

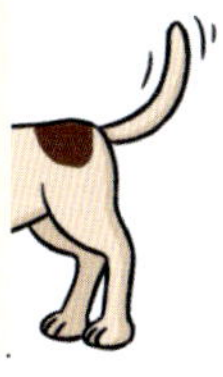

AB ▶ 11-14

47

Lektion 8

2▶8 **1** Hör zu. Was passt?

① Supermarkt ② Hunde-Show ③ Konzert

2▶9 **2 a** Welches Instrument hörst du? Notiere die Buchstaben.

B, …

A Klavier B Geige C Flöte

D Cello E Trompete F Schlagzeug

G Gitarre H Klarinette I Xylofon

2▶10 **b** Hör noch einmal und kontrolliere.

2▶11 **c** Hör zu und sprich nach.

AB▶1-3

3 Spielt Pantomime.

Was spiele ich?

Du spielst Geige.

AB▶4

48

4 a Schau das Bild an und lies die Sprechblase. Lies dann die E-Mail. Was ist los? Sprich in deiner Sprache.

Schau, eine E-Mail von Nadja.

Ui!

An: lisa@plc-starter.de
Von: nadja@plc-starter.de
Betreff: Musik-Festival

Hallo Lisa,
hier wieder ein paar Fotos, ich fotografiere doch so gern! Das ist mein Orchester. Toll, nicht? Viele Mädchen spielen Geige. Aber ich spiele Schlagzeug! Das Mädchen mit dem Cello ist meine Freundin Annika und der Junge mit dem Kontrabass ist Leon. Mein Freund?? ;-)
Die anderen Mädchen spielen Flöte und Klarinette. Und ein Junge spielt sogar Fagott. Sie kommen alle zum Musik-Festival am Freitag.
Also bis Donnerstag!
Nadja

b Welches Foto passt zu welchem Satz in der E-Mail? Zeig das Foto und lies den Satz vor.

A   B   C
D   E   F

AB ▶ 5-6

8

5 a Schau das Bild an und ordne den Dialog. Notiere die Buchstaben.

C, H…

- (A) *Alex:* Na ja, ich spiele Basketball. Und ich fotografiere.
- (B) *Alex:* Cool.
- (C) *Alex:* He Nadja, Lisa sagt, du spielst Schlagzeug. Wirklich?
- (D) *Alex:* Und was machst du, Annika?
- (E) *Alex:* Was? Du singst? Paul, du bist ein bisschen verrückt!
- (F) *Nadja:* Und du Alex, was spielst du?
- (G) *Nadja:* Ich auch.
- (H) *Nadja:* Ja, ich spiele wirklich Schlagzeug.
- (I) *Annika:* Ich spiele Cello.
- (J) *Paul:* Und ich singe.

2▶12

b Hör zu und kontrolliere.

ich spiele
du spielst
er/sie spielt
sie spielen

6 Spielt das Verben-Spiel auf Seite 51.
Würfelt und sagt die richtige Verbform.

⚀ ich   ⚁ du   ⚂ er   ⚃ sie

⚄ sie

⚅ Würfel noch einmal!

Du spielst.

50

8

START → singen · spielen · fotografieren ⇨ kommen
⇩
kaufen
⇩
hören ⇦ leben · springen · schwimmen ⇦ tanzen
⇩
machen
⇩
brauchen ⇨ fotografieren · singen · kaufen ⇨ spielen
⇩
springen
⇩
ZIEL ⇦ machen · schwimmen · kommen ⇦ tanzen

AB ▶ 7-13

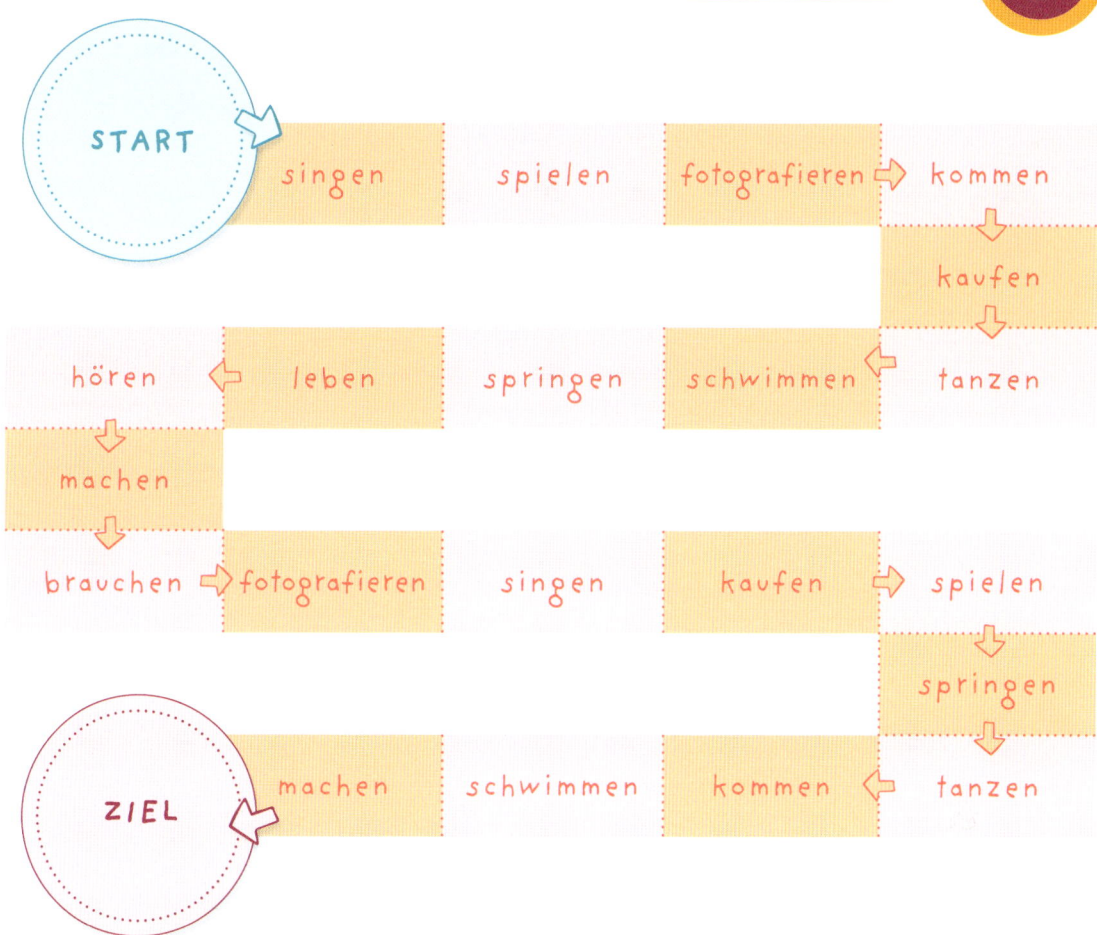

7 a Schau die Bilder an und lies die Sprechblasen.

Ich hasse Geige.

Ich liebe Schlagzeug.

b Was hasst du? Was liebst du?

Kekse · Chips · Schokoladentorte ·
Kakao · Limonade · Bonbons · Popcorn

Ich hasse Kakao, aber ich liebe Schokoladentorte.

Schwimmen · Judo · Tennis ·
Basketball · Fußball · Tanzen

Flöte · Geige · Klavier ·
Gitarre · Trompete · Schlagzeug

Ich hasse Flöte. ☹
Ich liebe Klavier. ☺

AB ▶ 14

51

7 8

1 Stummes Telefon: Sag einen Wochentag ohne Ton. Deine Partnerin/dein Partner rät.

Nein. … Montag?

Ja. Sonntag?

2▸13 **2 a** Hör zu und lies mit. Zeig 👍 oder 👎.

👍 Das l**ie**be ich:
Schokol**a**dentorte, Mus**i**k,
Comp**u**terspiele,
H**u**nde und B**a**sketball.

👎 Das h**a**sse ich:
P**o**pcorn, Schl**a**gzeug,
C**o**mic-Hefte,
T**i**ger und T**e**nnis.

2▸14 **b** Hör noch einmal. Sprich nach und zeig 👍 oder 👎.

2▸15 **3 a** Hör zu und lies mit.

Eins, zwei, drei – malen mag ich nicht.
Vier, fünf, sechs – das ist langweilig.
Sieben, acht, neun – singen hasse ich.

Eins, zwei, drei – du magst Kakao.
Vier, fünf, sechs – das ist cool!
Sieben, acht, neun – du liebst Blau.

2▸16 **b** Hör noch einmal und sprich nach.

c Mach deine eigenen Sprüche wie in **a**.

52

4 a Hör zu und lös das Musik-Quiz. Notiere das Lösungswort.

M...

MOZART

1. Er heißt ...
- M Wolfgang Amadeus.
- P Roberto Federico.

2. Er wohnt in ...
- E Berlin.
- U Salzburg.

3. Er kommt aus ...
- G Deutschland.
- S Österreich.

4. Er spielt ...
- I Geige.
- R Schlagzeug.

5. Er mag ...
- K Musik.
- N Fußball.

b Kennst du ein Musikstück von Mozart, z.B. *Eine kleine Nachtmusik*? Such das Musikstück im Internet.

5 Beantworte die Frage. Mal Bilder und schreib.

Was machst du am Wochenende?

Ich höre Musik.

Ich mache ein Computerspiel.

Ich lese.

Ich mache Hausaufgaben.

53

Ich kann …

sagen, bei wem ich bin:
- Wo bist du am Donnerstag?
- Ich bin bei Paul.

sagen, was jemand in der Freizeit macht:
- Was machen Lisa und Oskar?
- Ich glaube, sie spielen Basketball.

sagen, was ich habe oder brauche:
- Hast du die Zahnbürste?
- Nein, aber ich habe die Zahnpasta.
- Brauchst du den Schlafanzug?
- Ja.

sagen, welches Instrument ich spiele:
- Ich spiele Klarinette. Du spielst Klavier. Was spielen Nadja und Annika?
- Sie spielen Cello und Schlagzeug.

ausdrücken, was ich liebe oder hasse:
- Ich liebe Fußball, aber ich hasse Tanzen.

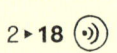

2 ▶ 18

Hör zu und lies mit.

Bea & Emil

He!
Bea!!
Ich hasse das!
Wirklich? Ich liebe das.

54

Endlich Ferien

9 10

Juhu! Ferien!

1 Schau das Bild an. Was ist hier los?
Sprich in deiner Sprache.

2 Was machen Lisa und Julia in den Ferien? Hör zu und zeig mit.

schwimmen    malen    Basketball spielen    Federball spielen

zelten    singen    wandern    Tennis spielen

AB ▶ 1

LERNZIELE
über Freizeitaktivitäten sprechen • etwas erraten •
sagen, was man gern/nicht gern macht • sagen, wie oft jemand etwas macht

55

Lektion 9

1 a Hör zu. Was macht Lisa in den Ferien?

① Lisa zeltet.

② Lisa schwimmt.

b Hör noch einmal. Wer kommt mit?

A   B   C   D

2 a Hör weiter zu und lies mit.

▲ Ah, Alex kommt auch! Gut. Und was macht ihr da?
■ Wir spielen Federball, wir schwimmen, wir singen …
▲ Ihr singt?
■ Ja, mein Papa spielt Gitarre und wir singen.
▲ Spielt ihr auch Beachvolleyball?
■ Na klar!
▲ O.K., ich komme auch.
■ Super.
▲ Tschüss, Lisa.
■ Tschüss, Paul.

b Welche zwei Bilder passen nicht zum Dialog?

A   B   C   D

c Lest den Dialog zu zweit.

56

3 Spielt andere Dialoge.

Basketball / Fußball / Federball / Volleyball / Monopoly / Gitarre spielen • lesen • Musik hören • tanzen • malen • schwimmen • fotografieren • wandern

Was macht ihr da?
Wir ...
Spielt ihr auch ...?
...

- Was macht ihr da?
- Wir spielen Federball.
- Spielt ihr auch Volleyball?
- Ja, wir spielen auch Volleyball.

AB ▶ 2-5

4 a Schreib mit deiner Partnerin / deinem Partner acht Kärtchen zu diesen Aktivitäten.

wandern • malen • Hausaufgaben machen
Klavier spielen • Federball • spielen •
Tennis spielen • fotografieren • zelten

Klavier spielen

wandern

malen

b Spielt zu viert. Fragt gegenseitig.

Wir spielen Klavier. Spielt ihr auch Klavier?

Nein, wir malen.

57

5

a Schau die Bilder an. Wie ist die Reihenfolge? Notiere die Buchstaben.

C, ...

A
- Lisa, Julia?
- Was ist, Oskar?
- Krack
- Knurps

B
- Das Monster ist Tobi!
- Schlabber
- Knacks

C
- Schlabber
- Knacks
- Krack

D
- Hört ihr das? Da ist ein Monster!
- Quatsch!
- Aber was ist das?
- Knacks
- Schlabber
- Krack

E
- Ein Krokodil.
- Quatsch! Das ist ein Wolf.
- Nein, Oskar. Das ist eine Schlange.
- Ich schaue mal.
- Knacks
- Krack
- Knurps

2▸22 **b** Hör zu und kontrolliere.

2▸22 **c** Hör noch einmal und lies mit.

AB▸6 **d** Spielt die Geschichte in der Gruppe.

58

6 Tiere raten: Schaut die Bilder an. Fragt und antwortet.

A B C D
E F G H
I J K

Was ist das?

Das ist ein Elefant.

- Was ist das?
- Das ist …
  ein Elefant.
  ein Krokodil.
  eine Eule.

AB ▶ 7-9

7 Sag ein Tier ohne Ton und beschreib es dann.
Die anderen raten.

… ist orange, schwarz und weiß und lebt in Asien. Was ist das?

Ich glaube, das ist eine Giraffe.

Nein.

Ich glaube, das ist ein Tiger.

Ja.

59

Lektion 10

1 a Lies den Text. Was macht Lisa gern 🙂?
Was macht sie nicht gern 🙁?

> Ich mache gern Sport. Ich schwimme gern. Und ich spiele gern Basketball und Federball. Hausaufgaben mache ich nicht gern. Paul, Alex, Julia und ich spielen gern zusammen Monopoly.

🙂 Sie macht gern …

🙁 Sie macht nicht gern …

b Was machst du gern 🙂?
Was machst du nicht gern 🙁? Mach Notizen.

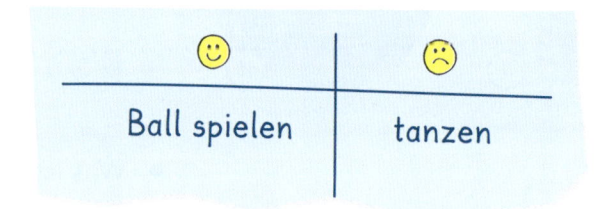

🙂	🙁
Ball spielen	tanzen

● Ich spiele gern Ball. Und du?
▲ Ich spiele nicht gern Ball. Ich lese gern.

c Frag deine Partnerin / deinen Partner.

AB ▶ 1-2

2 a Lies die Texte: Was machen Lisas Freunde gern?
Was machen sie nicht gern? Notiere.

	🙂	🙁
A. Julia	Musik hören	

Meine Freunde Julia, Paul und Alex!

> Das ist meine Freundin Julia. Sie ist cool. Wir haben immer Spaß zusammen. Wir hören gern Musik und wir tanzen gern. Julia mag Sport, aber sie möchte immer Tennis spielen. Basketball und Fußball mag sie nicht gern. 🙁.

A

> **B** Paul ist lustig. Er ist auch manchmal ein bisschen verrückt. Er möchte nie allein Hausaufgaben machen, aber er möchte immer Fußball spielen. Paul und Alex spielen gern zusammen Playstation.

> Alex ist super. Er ist sehr intelligent und er macht gern Sudokus. Paul und er spielen oft zusammen Fußball. Alex mag auch Basketball und er fotografiert gern. Aber Alex tanzt nicht gern. **C**

b **Vergleiche deine Notizen mit deiner Partnerin/deinem Partner. Lest eure Notizen vor.**

> Julia hört gern Musik …

c **Lies den Text. Was ist falsch? Schreib die Sätze richtig.**

> Lisa spielt nicht gern Federball. Julia und Lisa haben manchmal Spaß zusammen. Paul und Alex spielen nie zusammen Playstation. Alex tanzt gern.

AB ▶ 3-4

3 **Spielt das Schreib-Falt-Spiel. Schreibt, faltet und gebt den Zettel weiter.**

Wer?	möchte	Wie oft?	Was machen?
Der Tiger	**möchte**	immer	Hausaufgaben machen.
Sarah	möchte	…	

Der Tiger möchte immer Hausaufgaben machen.

AB ▶ 5-7

10

4 a Schau die Bildgeschichte an.
Was passiert? Sprich in deiner Sprache.

b Schau Bild C an. Lies die Sätze und hör zu.
Was ist richtig, was ist falsch?

1. Lisa, Julia und Paul möchten Alex besuchen.
2. Paul kauft allein ein Geschenk.
3. Lisa möchte ein Buch kaufen.
4. Julia möchte eine Trompete kaufen.
5. Paul möchte einen Hund kaufen.
6. Sie kaufen eine Schildkröte.

1 ist richtig.

62

c Was glaubst du? Was kaufen sie?

Ich glaube, sie kaufen einen ... / ein ... / eine ...

Ich glaube, sie kaufen ...
einen Ball.
ein Poster.
eine DVD.

2▸24

d Hör zu. Was kaufen sie wirklich?

AB▸8-9

5 Deine Freundin/Dein Freund ist krank. Was für ein Geschenk kaufst du? Spielt das Kettenspiel.

Ich kaufe ein Buch. Und du?

Ich kaufe ein Buch oder eine Schokoladentorte. Und du?

Ich kaufe ein Buch oder eine Schokoladentorte oder einen Basketball. Und du?

Ich kaufe ...

6 a Mach ein Trefferblatt mit diesen Wörtern.

Tiger • Torte • Eule • Teddy • Geschenk • Spiel

	A	B	C
1		Spiel	
2	Torte		Teddy
3		Tiger	
4	Geschenk		Eule

b Frag deine Partnerin/ deinen Partner. Ergänze die richtigen Antworten.

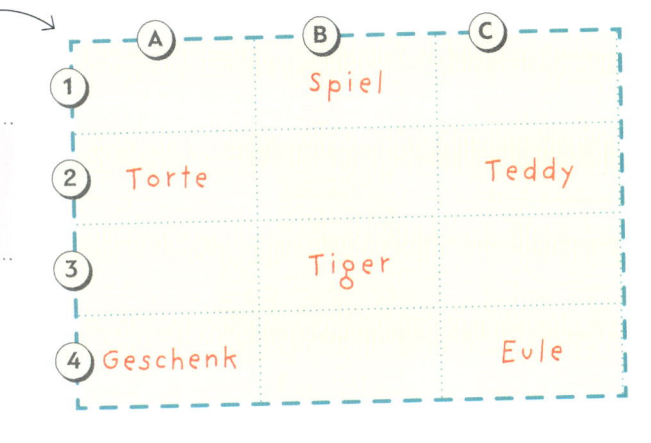

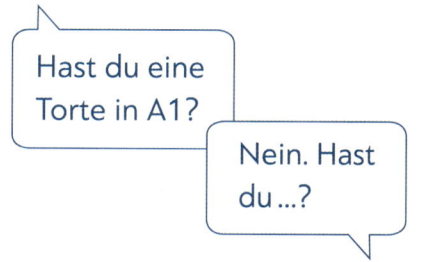

Hast du einen Tiger in B3?

Ja! Treffer!

Hast du eine Torte in A1?

Nein. Hast du ...?

AB▸10

9 10

1 a Schau dir die Bilder an. Was kennst du? Sprich in deiner Sprache.

A Strandkörbe an der Nordsee

B das Brandenburger Tor in Berlin

C Köln am Rhein

D Ausblick vom Feldberg im Schwarzwald

E die Insel Lindau im Bodensee

F Berghütte in den Alpen

b Finde die Orte auf der Landkarte auf der vorderen Umschlagsseite.

c Wo sind die Kinder? Lies die Sprechblasen und ordne die Bilder aus **a** zu.

1. Sofia: Ich bin an der Nordsee und schwimme. Super!

3. Luis: Ich bin in Berlin und fotografiere. Berlin ist cool.

2. Emma: Ich zelte am Bodensee. Zelten ist lustig!

4. Tim: Ich wandere in den Alpen. Das ist toll.

64

2 a Hör zu und lies mit.

am M**o**ntag • am D**ie**nstag • am M**i**ttwoch • am D**o**nnerstag • am Fr**ei**tag • am S**a**mstag • am S**o**nntag • am W**o**chenende

H**au**saufgaben • Comp**u**terspiele • F**u**ßball spielen • F**ah**rrad fahren • C**o**mic-Hefte kaufen • Schl**a**gzeug spielen

b Lies laut. Klatsch beim Akzent in die Hände.

c Hört zu. Sprecht dann zu zweit. Benutzt die Wörter aus **a**.

▲ Was machst du am M**o**ntag?
▼ H**au**saufgaben. Und du?
▲ F**u**ßball spielen.

3 Das ist meine Freundin / mein Freund. Mal ein Bild und schreib.

Das ist mein Freund Miguel. Er ist cool. Wir hören gern zusammen Musik. Er macht nicht gern Hausaufgaben.

Ich kann ...

über Freizeitaktivitäten sprechen:
- ● Was macht ihr?
- ▲ Wir zelten.
- ● Spielt ihr auch Beachvolleyball?
- ▲ Ja, wir spielen auch Beachvolleyball.

etwas erraten:
- ■ Was ist das?
- ▲ Das ist ein Wolf.
- ● Nein, das ist ein Monster.

sagen, was ich gern/ nicht gern mache:
- ☺ Ich spiele gern Tennis.
- ☹ Ich spiele nicht gern Fußball.

sagen, wie oft jemand etwas macht:
Paul möchte nie Hausaufgaben machen.
Tobi ist manchmal verrückt.
Lisa hört oft Musik.
Oskar möchte immer Ball spielen.

2 ▸ 27   ❗ **Hör zu und lies mit.**

Bea & Emil

Ich tanze gern.

Ich – ich tanze auch gern!

Hilfe!

66

Anhang

Feste und Feiern
Spiel
Wortliste

Ostern

Weihnachten

Basteleien

67

Feste und Feiern

Ostern

1 a Ostern in Deutschland: Schau dir die Bilder an. Was ist das?

Hannah bemalt Ostereier.

Die bunten Ostereier hängen an einem Osterstrauß.

Die Kinder suchen Ostereier im Garten.

Am Ostersonntag gibt es ein großes Osterfrühstück.

Das Osterlamm aus Kuchen isst die Familie am Ostersonntag.

Kinder und Erwachsene bekommen ein Osternest mit Süßigkeiten und einem Osterhasen aus Schokolade.

b Kennst du diese Traditionen? Feierst du auch Ostern? Sprich in deiner Sprache.

2 Lies das Gedicht. Lern es auswendig und sag es auf.

> Ich wünsch' mir was,
> Ich wünsch' mir was,
>
> Du lieber guter Osterhas'.
> Ich möcht' ein Ei aus Schokolade,
> Wie ich's noch nie gesehen habe.

3 Bastle eine Osterkarte. Mal den Osterhasen ab. Schreib dann einen Ostergruß an deine Freundin/deinen Freund oder deine Familie.

Lieber Papa!

Frohe Ostern!

Dein Jonas

Feste und Feiern

Weihnachten

1 a Weihnachten in Deutschland: Schau dir die Bilder an. Was ist das?

Hannah bastelt Sterne.

Der Adventskalender: Marie öffnet ein Türchen.

Am 4. Sonntag vor Weihnachten brennen alle 4 Kerzen am Adventskranz.

In ganz Deutschland gibt es im Dezember Weihnachtsmärkte.

Am Heiligabend (24. Dezember) bekommen die Kinder Geschenke.

Die Familie backt Plätzchen.

Am 24. Dezember schmückt die Familie nachmittags den Weihnachtsbaum.

b Kennst du diese Traditionen? Feierst du auch Weihnachten? Sprich in deiner Sprache.

2 **Bastle eine Weihnachtsglocke.**

Du brauchst einen leeren Joghurtbecher, Alufolie, ein Stück Kordel oder Schnur und eine Bastelperle.

Bastelanleitung:

1. Umwickle den Joghurtbecher außen und innen mit Alufolie.

2. Ein Erwachsener bohrt mit einer Schere ein Loch in die Mitte des Bodens.

3. Fädel durch die Perle ein Stück Schnur und verknote es.

4. Fädle das Stück Schnur durch das Loch im Becher und verknote es.

5. Fertig ist die Weihnachtsglocke.

3 **Lies das Weihnachtslied. Kennst du die Melodie? Such das Lied im Internet.**

Kling, Glöckchen, klingelingeling,
kling, Glöckchen, kling!

Lasst mich ein, ihr Kinder,
ist so kalt der Winter,
öffnet mir die Türen,
lasst mich nicht erfrieren.

Kling, Glöckchen, klingelingeling,
kling, Glöckchen, kling!

71

Spiel

Spielt in Gruppen zu dritt oder zu viert.

Ihr braucht einen Würfel und vier farbige Spielfiguren. Wer die höchste Zahl würfelt, fängt an. Würfle und geh mit deiner Figur vor. Beantworte dann die Frage. Wenn du richtig antwortest, darfst du dort stehen bleiben. Wenn du die Antwort nicht weißt oder falsch antwortest, musst du zurück zu dem Feld, wo du gestartet bist. Dann würfelt deine Nachbarin/dein Nachbar rechts von dir. Wer zuerst ins Ziel kommt, gewinnt.

START

1. Wie heißt der Hund?
   a) Rudi.
   b) Tobi.
   c) Jonas.

2. Was mag Julia?
   a) Judo.
   b) Schwimmen.
   c) Tennis.

8. Was hat Paul?
   a) Kekse.
   b) Bonbons.
   c) Limonade.

9. Was fehlt in Pauls Zimmer?
   a) Der Laptop und die CD.
   b) Das Poster und die DVD.
   c) Die CD und das Poster.

10. Was macht der Hund Hasso?
    a) Er tanzt.
    b) Er springt.
    c) Er spielt Ball.

11. Wo lebt der Tiger?
    a) In Amerika.
    b) In Asien.
    c) In Afrika.

12. Was macht Alex am Montag?
    a) Er fotografiert.
    b) Er spielt Basketball.
    c) Er spielt Fußball.

19. Was macht Lisa nicht gern?
    a) Hausaufgaben.
    b) Sport.
    c) Computerspiele.

20. Wer möchte immer Sudokus machen?
    a) Paul.
    b) Alex.
    c) Lisa.

ZIEL

Die Lösungen findest du auf Seite 78.

3. Woher kommt Lukas?
- a) Aus Deutschland.
- b) Aus Österreich.
- c) Aus Dänemark.

4. Woher kommt das Auto mit „E"?
- a) Aus Österreich. 
- b) Aus England.
- c) Aus Spanien.

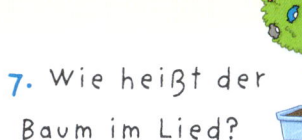

6478 BAC

7. Wie heißt der Baum im Lied?
- a) Bonbonbaum.
- b) Farbenbaum.
- c) Schokoladenbaum.

6. Wie alt ist Oskar?
- a) Er ist 6.
- b) Er ist 9.
- c) Er ist 7.

5. Wer hat Geburtstag?
- a) Oskar.
- b) Lisa.
- c) Julia.

13. Wo ist Julia am Wochenende? 
- a) Bei Paul.
- b) Bei Oskar.
- c) Bei Lisa.

14. Was hat Alex nicht im Rucksack?
- a) Einen Ball.
- b) Eine Zahnbürste.
- c) Ein Comic-Heft.

15. Welches Instrument spielt Nadja?
- a) Schlagzeug.
- b) Klavier.
- c) Fagott.

18. Wer ist das Monster?
- a) Ein Krokodil.
- b) Lukas.
- c) Tobi.

17. Was machen Paul, Lisa, Julia und Alex in den Ferien?
- a) Sie machen Computerspiele.
- b) Sie zelten.
- c) Sie spielen Gitarre.

16. Was hasst Paul?
- a) Klavier.
- b) Geige.
- c) Xylofon.

73

Wortliste

- Die alphabetische Wortliste enthält alle Wörter von *Paul, Lisa & Co Starter* mit Nennung der Lektion und der Aufgabennummer.
  Beispiel: Auto, -s, das 2 3a
  ⇨ Das Wort Auto kommt erstmals in Lektion 2, Aufgabe 3a vor.

- *Kursiv* gedruckt sind Wörter, die nicht zum Lernwortschatz von *Paul, Lisa & Co Starter* gehören.

- Der für die Schüler relevante Lernwortschatz ist in chronologischer Reihenfolge im Arbeitsbuch hinter der jeweiligen Lektion zu finden.

- Nomen mit der Angabe (Sg.) verwendet man in der Regel nur im Singular.
  Nomen mit der Angabe (Pl.) verwendet man in der Regel nur im Plural.

- Folgende Abkürzungen werden verwendet:
  Einstieg = Moduleinstiegsseite, Ausstieg = Modulausstiegseiten

A

aber 3 9
acht 3 Einstieg, 1a
Afrika (Sg.), das 6 9c
Ägypten (Sg.),
    das 2 Ausstieg, 3a
ah(a) 2 1a
alle 8 4a
allein 10 2a
alles (Gute) 3 1a
also 8 4a
alt 3 3a
am (temporal) 7 1
am (lokal) 9 1a
Amerika (Sg.), das 6 9c
anderen 8 4a
Asien (Sg.), das 6 9c
auch 3 8a
aus 2 1a
Australien (Sg.), das 6 9c
Auto, -s, das 2 3a

B

Ball, ⸚e, der 5 1
Basketball (Sg.), das 1 9a
Baum, ⸚e, der 4 10a
Beachvolleyball (Sg.),
    das 9 2a
bei 7 1
beliebt 2 7
besuchen 10 4b
bis 8 4a
bisschen 7 5a
bitte 3 8a
blau 4 1a
Bonbon, -s, das 3 9
brauchen 7 7a
braun 4 1a
Buch, ⸚er, das 5 1

C

CD, -s, die 5 1
Cello, -s, das 8 2a
Chips (Pl.), die 3 9
Comic-Heft, -e, das 5 1
Computerspiel, -e, das 7 3a
cool 4 10b

D

da 6 5a
Dänemark (Sg.), das 2 3b
danke 3 1a
dein/e 4 Ausstieg, 3a
denn 6 4a
Deutschland (Sg.), das 2 3b
Dienstag, -e, der
    7 Einstieg, 1
doch 8 4a
Donnerstag, -e,

74

der 7 Einstieg, 1
doof 4 10b
dran sein 3 6a
drei 3 Einstieg, 1a
du 1 1a
DVD, -s, die 5 1

E

eins 3 Einstieg, 1a
Elefant, -en, der 6 9a
elf 3 6a
E-Mail, -s, die 8 4a
England (Sg.), das
   2 Ausstieg, 3a
Entschuldigung, -en,
   die 2 1a
Eule, -n, die 6 9a
Euro, -s, der 5 3a
Europa (Sg.), das 6 9c

F

Fagott, -e, das 8 4a
Fahrrad, ̈er, das 5 1
falsch 10 4b
Federball 9 Einstieg, 1
Ferien (Pl.), die 9 Einstieg, 1
Film, -e, der 7 3a
Flöte, -n, die 8 2a
Foto, -s, das 8 4a
fotografieren 6 5a
Freitag, -e, der 7 Einstieg, 1
Freund, -e, der 10 2a
Freundin, -nen, die 10 2a
fünf 3 Einstieg, 1a
Fußball (Sg.), der 1 9a

G

ganz 2 5a
Geburtstag, -e, der 3 1a
Geburtstagskarte, -n,
   die 3 Ausstieg, 3a
Geige, -n, die 8 2a
gelb 4 1a
gern 10 1a
Geschenk, -e, das 10 4b
Gitarre, -n, die 5 1
glauben 7 3a
gleich (sofort) 2 1a
Graffiti, -s, das 4 2
grau 4 1a
grün 2 4 1a
gut 9 2a
Guten Tag 1 7a

H

haben 4 4a
hallo 1 Einstieg, 2
Handy, -s, das 7 5a
hassen 8 7a
Hausaufgabe, -n, die 7 3a
heißen 1 4a
Herr, -en, der 1 7a
hi 3 1a
hören 7 3a
Hund, -e, der 6 1
Hunger (Sg.), der 6 5a

I

ich 1 1a
Idee, -n, die 10 4a
ihr 9
immer 10 2a
in 2 7
intelligent 10 2a
interessant 8 Ausstieg, 3a
Italien (Sg.), das 2 3a

J

ja 1 3a
Judo (Sg.), das 1 9a
juhe [Ausruf] 2 5a
Junge, -n, der 8 4a

K

Kakao, -s, der 4 6a
Kalender, -, der 5 1
Kamm, ̈e, der 7 5a
Katze, -n, die 10 4a
kaufen 6 5a
Keks, -e, der 3 9
Klarinette, -n, die 8 2a
Klavier, -e, das 8 2a
kommen 1 3a
Kontrabass, ̈e, der 8 4a
Konzert, -e, das 8 1
kosten 5 3a
Krokodil, -e, das
   2 Ausstieg, 3a
kunterbunt 4 9a

L

Lama, -s, das 6 8a
langweilig 4 10b
Laptop, -s, der 5 1
leben 6 9d

75

Wortliste

Leopard, -en, der 6 9a
lesen 7 3a
liebe/r [Anrede] 4
    Ausstieg, 3a
lieben (etwas) 8 7a
lila 4 1a
Limonade, -n, die 4 6a
Löwe, -n, der 2 AB, 9
lustig 4 10b

M

machen 2 1a
Mädchen, -, das 8 4a
mal 2 3
malen 9 Einstieg, 2
Mama, -s, die 1 AB
manchmal 10 2a
Mathematik (Sg.), die 10 2a
mein/e 5 7a
Mittwoch, -e, der 7
    Einstieg, 1
möchten 3 8a
mögen 1 10a
Monster, -, das 9 5a
Montag, -e, der 7
    Einstieg, 1
Mücke, -n, die
    2 Ausstieg, 3a
Musik (Sg.), die 7 3a
Musik-Festival, -s, das 8 4a

N

na ja 7 7a
na klar 3 8a
Name, -n, der 8 Austieg, 3a
nein 1 4a
neun 3 Einstieg, 1a

nicht 10 1a
nichts 2 1a
nie 10 2a

O

oder 10 5
O.K. 2 1a
oft 10 2a
oje [Ausruf] 7 7a
orange 4 1a
Orchester, -, das 8 4a
Österreich (Sg.), das 2 1a

P

paar 8 4a
Papa, -s, der 1 7a
Playstation, -s, die 7 5a
Polen (Sg.), das 2 3b
Popcorn (Sg.), das 3 9
Popmusik (Sg.), *die* 8 AB, 9a
Poster, -, das 5 1
Pullover, -, der 7 5a

Q

Quatsch (Sg.), der 9 5a

R

raus 5 7a
Reh, -e, das 6 9a
richtig 10 4b
Roller, -, der 5 1
rosa 4 1a
rot 4 1a
Rucksack, ⸚e, der 5 1

S

sagen 8 4a
Samstag, -e, der
    7 Einstieg, 1
schauen 2 3a
Schildkröte, -n, die 6 9a
Schlafanzug, ⸚e, der 7 5a
schlafen 9 Einstieg, 2
Schlagzeug, -e, das 8 2a
Schlange, -n, die 6 9a
Schokolade, -n, die 3 9
Schokoladentorte, -n,
    die 3 8a
schon 3 3a
schwarz 4 1a
Schwimmen (Sg.), das 1 9a
schwimmen 6 5a
sechs 3 Einstieg, 1a
See, -n, der 9 1a
sehen 7 3a
sehr 10 2a
sein 1 1a
sein/e 8 Ausstieg, 3a
Show, -s, die 6 1
sieben 3 Einstieg, 1a
singen 8 5a
sogar 8 4a
Sonntag, -e, der
    7 Einstieg, 1
Spanien (Sg.), das 2 3b
Spaß, ⸚e, der 10 2a
Spiel, -e, das 5 1
spielen 6 2
Sport (Sg.), *der* 10 1a
springen 6 2
Sudoku, -s, das 10 4d
super 4 10b
Supermarkt, ⸚e, der 8 1
süß 1 4a

T

Tag, -e, der 1 7a
tanzen 6 2
Tanzen (Sg.), das 1 9a
Teddy, -s, der 7 5a
telefonieren 9 Einstieg, 2
Tennis (Sg.), das 1 7a
Tiger, -, der 6 9a
toll 4 10b
Torte, -n, die 5 2
Treffer, -, der 10 6
Trompete, -n, die 8 2a
Tschechien (Sg.), das 2 3b
tschüss 9 2a
türkis 4 1a

U

Uhr, -en, die 5 1
ui [Ausruf] 8 4a
und 1 1a

V

verrückt 8 5a
viel/e 10 2a
vier 3 Einstieg, 1a
von 8 4a
Vorname, -n, der 2 7

W

wandern 9 Einstieg, 2
was 2 1a
weiß 4 1a
wer 1 1a
wie 1 4a
wir 9 3
wieder 8 4a
wirklich 7 7a
wo 6 5a
Wochenende, -n, das 7 1
woher 2 1a
wohnen 8 Ausstieg, 3a
Wolf, ⸚e, der 6 9a
wow [Ausruf] 3 3a

X

Xylofon, -e, das 8 2a

Z

Zahnbürste, -n, die 7 5a
Zahnpasta, -s, die 7 5a
zehn 3 Einstieg, 2
zelten 9 Einstieg, 2
zu 8 4a
zusammen 10 1a
zwei 3 Einstieg, 1a
zwölf 3 6a

Quellenverzeichnis

Cover: © Strandperle/Niedring Drentwett/Mito Images RF

U2: © Digital Wisdom

S. 10: A © iStock/Felix MAckel; B © fotolia/Carola Schubbel

S. 11: A © Thinkstock/iStock/M.Levent ALBAS; B © iStock/Chris Futcher; C © iStock/GoodLifeStudio; D © Thinkstock/iStock/AndreyKaderov; E © Thinkstock/BananaStock; F © iStock/Purdue9394

S. 14: Ü3c alle, Ü4 alle © fotolia/WoGi

S. 16: Hintergrund Wandzeitung © Thinkstock/iStock/Zakharova_Natalia

S. 17: Ü5: Flagge Spanien, Bildunterschriften: Erika Hennig, München, alle übrigen Zeichnungen: Anna Li, München

S. 24: © Getty Images/Spencer Platt

S. 29: Ü3, alle Bildunterschriften: Erika Hennig, München; Ü4a Zeichnungen: Anna Li, München

S. 32: A © iStock/futureimage; B © Thinkstock/iStock/Shablon; C © Thinkstock/iStock/Oleksandr Pekur; D: Illustration © Thinkstock/iStockphoto; Schriftzug „Superheld" © Hueber Verlag; E © Thinkstock/iStock/Kharichkina; F © iStock/ARSELA; G © Thinkstock/Fuse; H © Thinkstock/iStock/Sannie32; I © Thinkstock/iStock/Vuttichai; J © iStock/urfinguss; K © iStock/K.Özcan Kele; L © iStock/suesmith2; M © fotolia/sunt; N: Schiff © Thinkstock/Zoonar RF; Buch © Thinkstock/iStock/david franklin

S. 36: A © iStock/umbertop_100; B © iStock/danielle mussman; C © Thinkstock/iStock/Ryhor Bruyeu (Grisha Bruev)

S. 39: A © PantherMedia/Johan Swanepoel; B © und C © Thinkstock/iStock/Eric Isselée; D © Thinkstock/iStock/Coprid; E, G © Thinkstock/iStock/GlobalP; F © Thinkstock/iStock/xLabrador; H © Thinkstock/iStock/Ameng Wu; I, J © Thinkstock/iStock/GlobalP; Weltkarte © fotolia/Bastian Gnuechwitz

S. 40: Zeichnung: Anna Li, München

S. 41: Ü4 beide Zeichnungen: Anna Li, München; Bildunterschriften: Erika Hennig, München

S. 48: A © Thinkstock/iStock/Schnapps2012; B © Thinkstock/Wavebreakmedia Ltd; C © Thinkstock/iStock/SerrNovik; D © iStock/edcorbo; E © iStock/wernerimages; F © Thinkstock/iStock/alfernec; G © Thinkstock/iStock/Antonio_Diaz; H © Thinkstock/iStock/xavigm; I © Thinkstock/iStock/Liesel_Fuchs

S. 53: Ü4a © Thinkstock/iStockphoto; Ü4: Zeichnungen: Anna Li, München; Bildunterschriften: Erika Hennig, München

S. 59: A © PantherMedia/Johan Swanepoel; B © Thinstock/iStock/Ameng Wu; C © Thinkstock/iStock/Coprid; D © Thinkstock/iStock/xLabrador; E, J © Thinkstock/iStock/Eric Isselée; F © Thinkstock/iStock/Dynamicfoto-PedroCampos; G, H © Thinkstock/iStock/GlobalP; I © Thinkstock/iStock/NajaShots; K © fotolia/Duey

S. 64: Ü1a: A © fotolia/DeVIce; B © fotolia/refresh(PIX); C © Thinkstock/iStock/rclassenlayouts; D © Thinkstock/iStock/Andreas Zerndl; E © PantherMedia/Gerald Böllmann; F © fotolia/Oliver Weber; Ü1c: Sofia © Thinkstock/iStock/michaeljung; Luis © iStock/Shelly Perry; Emma © Thinkstock/Getty Images; Tim © iStock/LeggNet;

S. 65: Ü3: Anna Li, München; Bildunterschriften: Erika Hennig, München

S. 67: 1. Reihe von links: © Thinkstock/iStock/bhofack2; © Thinkstock/Polka Dot/Jupiterimages; 2. Reihe von links: © Thinkstock/iStock/nimis69; © Getty Images/iStock/mediaphotos, Würfel und Spielsteine unten: Bettina Kumpe, Braunschweig

S. 68: 1. Spalte von oben: © Thinkstock/iStock/nimis69; © fotolia/TG Medien/Thomas Glaubitz; © Thinkstock/iStockphoto; 2. Spalte von oben: © Thinkstock/iStock/jjustas; © Thinkstock/iStock/monkeybusinessimages; © Thinkstock/iStock/bhofack2

S. 70: 1. Reihe v.l.: © Getty Images/iStock/mediaphotos; © Thinkstock/Polka Dot/Jupiterimages; 2. Reihe v.l.: © Thinkstock/Zoonar; © MEV/Innerhofer Fotodesign; 3. Reihe v.l.: © iStock/Nina Vaclavova; © Thinkstock/Hemera/Ingrid Balabanova; © Getty Images/iStock/Jamalrani; © Getty Images/iStock/Steve Debenport

S. 71: Ü2 alle © Hueber Verlag/Nina Metzger

S. 72: Tiger © iStock/GlobalP

S. 73: Nummernschild © fotolia/WoGi

Zeichnungen: Zacharias Papadopoulos, Athen

Bildredaktion: Nina Metzger, Hueber Verlag, München

Lösungen zum Kursende-Spiel, 72 und 73:
1b, 2c, 3b, 4c, 5c, 6a, 7a, 8b, 9c, 10a, 11b, 12b, 13c, 14b, 15a, 16b, 17b, 18c, 19a, 20b